BEI GRIN MACHT SICH IHR WISSEN BEZAHLT

- Wir veröffentlichen Ihre Hausarbeit, Bachelor- und Masterarbeit

- Ihr eigenes eBook und Buch - weltweit in allen wichtigen Shops

- Verdienen Sie an jedem Verkauf

Jetzt bei www.GRIN.com hochladen und kostenlos publizieren

Bibliografische Information der Deutschen Nationalbibliothek:

Die Deutsche Bibliothek verzeichnet diese Publikation in der Deutschen National-bibliografie; detaillierte bibliografische Daten sind im Internet über http://dnb.d-nb.de/ abrufbar.

Impressum:

Copyright © 2019 GRIN Verlag
Druck und Bindung: Books on Demand GmbH, Norderstedt Germany
ISBN: 9783668998162

Dieses Buch bei GRIN:

https://www.grin.com/document/497364

Marcel Tribowski

Cardio, Leistungsdiagnostik und Mesozyklus

GRIN Verlag

Deutsche Hochschule für

Prävention und Gesundheitsmanagement

Hermann Neuberger Sportschule 3

66123 Saarbrücken

Einsendeaufgabe

Fachmodul: Trainingslehre 2

Studiengang: Sportökonomie

Datum

Präsenzphase **14.01.2019 - 16.01.2019**

Name, Vorname: **Tribowski, Marcel**

Studienort: **Köln**

Semester: **Wintersemester 2017**

Inhaltsverzeichnis

1 Diagnose

1.1 Allgemeine & biometrische Daten

1.1.1 Allgemeine Daten

Tabelle 1: Allgemeine Daten (eigene Darstellung)

Alter	27 Jahre
Geschlecht	weiblich
Körpergröße	171 cm
Körpergewicht	75 kg
Beruf	Bankkauffrau
Trainingsmotive	Subjektives Wohlbefinden verbessern, allgemeine Audauer stärken, Blutdruck senken (auf Anraten ihrs Arztes)
Zeitlicher Verfügungsrahmen	3-mal die Woche, jeweils maximal eine Stunde
Sportliche Aktivitäten	Aktuell: jede zweite Woche Badminton mit einer Freundin. Früher: 2 mal die Woche Basketball (also 3-4 Stunden die Woche zwischen ihrem 9. und dem 16. Lebensjahr)
Allgemeiner Gesundheitszustand	Die Kundin nimmt weder Medikamente, noch hat sie internistische Probleme. Sie hat aber leichtes Übergewicht & ihr Blutdruck befindet sich im hochnormalen Bereich.
Subjektives Wohlbefinden auf einer Borg-Skala von 1= sehr unwohl bis 20= sehr wohl)	Die Kundin gibt hier einen Wert von 11 an

1.1.2 Biometrische Daten

Tabelle 2: Biometrische Daten (eigene Darstellung)

Blutdruck		Bewertung
Systolischer Wert	140 mmHg	Hypertonie Stufe 1 gemäß American He-
Diastolischer	92 mmHg	art Association. (vgl. Blutdruckklassifikati-
Wert		on der American Heart Association (Modi-
		fiziert nach Mancia et al., 2013, S. 1286)).
		Normwert: systolisch < 130 mmHg, dia-
		stolisch < 85 mmHg.
Puls		Bewertung
Ruhepuls	72 Schläge pro Mi-	Ist im oberen Rahmen der Normwerte,
	nute	aber eine Senkung wäre sinnvoll, um das
		Herz zu entlasten.
		(vlg. Blutdruckdaten.de)
Weiteres		Bewertung
Body-Mass-Index	25,6 kg/m²	Das entspricht leichtem Übergewicht ge-
(Körpergewicht in		mäß der Normwerttabelle für den BMI
kg/ Körpergröße		(vgl. WHO, 2000)
in m x Körpergrö-		
ße in m)		

1.2 Leistungsdiagnostik/ Ausdauertestung

Um den aktuellen Leistungsstand der Ausdauerfähigkeit der Kundin festzustellen, ver-
wenden wir einen WHO- Test in Form eines Stufentest.Als Testgerät wählen wir hier
das Radergometer.

1.2.1 Begründung der Testauswahl

Die WHO-Testung auf dem Radergometer stellt vor dem Hintergrund der Ergebnisse
der durchgeführten Anamnese, die auf einen eher schlechten Gesundheits/- und Trainingszustand der Person hinweisen, das optimale Testverfahren für unsere Kundin dar.
Weiterhin ist die Kundin im Bezug auf klassischen Ausdauertraining ohne Vorerfahrung.
Wir wählen also hier einen Stufentest mit einer gleichmäßig steigenden Belastung, bis
zu einer submaximalen, individuellen Obergrenze der Person. Der Maßstab für die Be-
lastungsobergrenze wird anhand einer festgelegten Pulsobergrenze gesetzt.

1.2.2 Testdurchführung und Testverlauf

Bevor der Test gestartet wird, muss die Testperson eingestuft werden und es wird unter Beachtung von Alter und Ruhepuls eine individuelle Pulsobergrenze festgelegt.

Tabelle 3: Festlegung Pulsobergrenze (modifiziert nach Trunz; 2001; IPN, 2004)

Ruhe-puls	Alter <2 0 j.	20-29 j.	30-39 j.	40-49 j.	50-59 j.	60-69 j.	>70
<50 s/min	140 S/min	135 S/min	130 S/min	125 S/min	115 S/min	110 S/min	105 S/min
50-59 s/min	145 S/min	140 S/min	135 S/min	125 S/min	120 S/min	115 S/min	110 S/min
60-69 s/min	145 S/min	145 S/min	135 S/min	130 S/min	125 S/min	120 S/min	115 S/min
70-79 s/min	150 S/min	145 S/min	140 S/min	135 S/min	130 S/min	125 S/min	120 S/min
80-89 s/min	155 S/min	150 S/min	145 S/min	140 S/min	135 S/min	125 S/min	120 S/min
>90	160 S/min	155 S/min	150 S/min	145 S/min	135 S/min	130 S/min	125 S/min

Aufgrund der Tatsache, dass die Testperson keine Nennenswerte wöchentliche sportliche Aktivität vorweist, ist dieser Wert unser Testwert und wir müssen keinen Aufschlag einkalkulieren. Somit ist die festgelegte Pulsobergrenze bei 145 S/min.

Die Testperson

Tabelle 4: Daten der Testperson (eigene Darstellung)

Geschlecht	weiblich
Alter	27 Jahre
Gewicht	76 kg
Ruhepuls	71 S/min
Blutdruck	140 mmHg /92 mmHg

Der Test

Testform	WHO-Testung
Stufendauer	2 Minuten
Pulsobergrenze	145 s/min
Eingengsbelastung	25 Watt
Belastungssteigerung	25 Watt
Trittfrequenz	60 bis 80 pro Minute (Rost, 2002, S.53)
Abbruch	Wenn Puls >145 s/min Weiterhin wenn es zu Atemnot, Schwindel, extremer Blässe, Überlkeit und/oder Schmerzen in der Brust kommt. (Steinacker, J. M., Liu, Y & Reißnecker, (2002).)

Der Testablauf

Testung vom 23.01.2019			
Zeit	Watt	HF 1 nach 1 Minute	HF 2 nach 2 Minuten
0-2 Minuten	25 Watt	82 S/Min	87 S/Min
2-4 Minuten	50 Watt	94 S/Min	99 S/Min
4-6 Minuten	75 Watt	104 S/Min	112 S/Min
6-8 Minuten	100 Watt	119 S/Min	126 S/Min
8-10 Minuten	125 Watt	134 S/Min	139 S/Min
10-12 Minuten	150 Watt	146 S/Min	/

Die vorher festgelegte Pulsobergrenze der Testperson von 145 S/Min wurde nach 11 Minuten überschritten. Sie hat fünf einhalb Stufen durchlaufen, die letzte Stufe, die Sie vollständig absolviert hat ist die Stufe, in der mit 125 Watt getreten wird. Daher wird dieser Wert für die nachfolgende Einordnung verwendet.

Nach der Formel der Relativen-Watt Leistung erhalten wir ein Testergebniss von : geleistete Wattzahl durch Körpergewicht in kg = 125 / 76 = 1,64.

Dieser Wert wird im anhand der nachfolgenden Skala eingeordnet.

Einordnung der Testergebnisse

Tabelle 7: Einordnung der Testergebnisse (modifiziert nach IPN, 2004, S.8)

Alter Intensi- tät	<30	30- 34	35- 39	40- 44	45- 49	50- 54	55- 59	>60	Bewertung
0,54	1,3 5	1,28	1,22	1,15	1,08	1,01	0,95	0,8 8	😐😐
0,55	1,4	1,33	1,26	1,19	1,12	1,05	0,98	0,9 1	😐
0,56	1,4 5	1,38	1,31	1,23	1,16	1,09	1,02	0,9 4	😐
0,57	1,5	1,43	1,35	1,28	1,2	1,13	1,05	0,9 8	😐
0,59	1,6 0	1,52	1,44	1,36	1,28	1,20	1,12	1,0 4	☹
0,6	1,7 0	1,62	1,53	1,45	1,36	1,28	1,19	1,1 1	Durch-schnitt
0,61	1,8 0	1,71	1,62	1,53	1,44	1,35	1,26	1,1 7	Durch-schnitt

Der Wert von 1,64 entspricht also, wenn auch knapp, einem negativen, untrainierten Wert der Skala.

1.3 Bewertung Gesundheits- und Leistungsstatus der Person

Im Gesamten ist der Trainingszustand unserer Kundin doch recht negativ zu bewerten. Die Anamnese hat bereits offengelegt, dass sowohl Blutdruck, als auch BMI erhöht sind und das die Kundin sich weit unter der empfohlenen Menge an wöchentlichem Ausdauertraining bewegt. Die WHO-Testung hat das Gesamtbild mit einem unterdurchschnittlichen Ergebnis unterstrichen.

Um die Fortschritte zu verfolgen, wird die Testung nach jedem Mesozyklus wiederholt.

2 Zielsetzung/ Prognose

Im Folgenden werden die drei wichtigsten Ziele der Kundin tabellarisch und unter Berücksichtigung der Faktoren Inhalt, Ausmaß und Zeit dargestellt.

Tabelle 8: Tabellarische Darstellung der festgelegten Ziele (eigene Darstellung)

Inhalt	Ausmaß	Zeit
Subjektives Wohlbefinden steigern	Borg Skala von 1 = sehr unwohl bis 20 = sehr wohl von einem Wert von aktuell 11 auf 16	8 Wochen
Senkung des Blutdruckes	In den hochnormalen Bereich	10 Wochen
Reduktion des Körpergewicht / BMI	BMI unter 23 (Normbereich)	3 Monate

Die Senkung des Blutdruckes stellt ein wichtiges Ziel dar, und laut Muster & Zielinski, (2006) ist unmittelbar nach dem aeroben Training eine Reduktion um ca. 5 mmHg erreicht werden konnte.

Weiterhin ist die Reduktion des Körpergewichtes und damit einhergehend des BMI wichtig, um die allgemeine Belastung des Körpers zu reduzieren. Hier wollen wir schon spätestens nach drei Monaten wieder in den Normbereich gelangen.

Abschließend wollen wir das subjektive Wohlbefinden der Kundin verbessern, da bereits bei der Anamnese festgestellt wurde, dass Sie sich mit ihrer aktuellen körperlichen Situation unwohl fühlt. Durch das Training und die körperlichen Anpassungen soll Sie sich wieder besser, fitter und selbstbewusster fühlen.

Die Erfolgskontrolle geschieht in regelmäßigen Abständen durch erneute Erhebung.

3 Trainingsplanung Mesozyklus

3.1 Grobplanung Mesozyklus

Tabelle 9: Grobplanung des ersten Mesozyklus (eigene Darstellung)

Dauer	6 Wochen
Trainingsziel	Gewichtsverlust (Fettstoffwechsel ökonomisieren) Gesundheit verbessern (HK-System stärken) Fitness steigern (Wohlbefinden)
Belastungsumfang pro Woche	115 bis 150 Minuten wöchentlich
Trainingsmethode	Extensive Dauermethode (Ext. DM) Variable Dauermethode (Var. DM)
Trainingsintensität	Ext. DM = 55-65 % HfReserve Ext. DM (Rekom) = 45 – 55% HfReserve Var. DM = 70-80 % HfReserve intensiv 45-50 % HfReserve extensiv
Trainingshäufigkeit pro Woche	3 mal
Dauer pro Trainingseinheit	Ext. DM = 45-60 Minuten Ext. DM (Rekom) = 25 40 Minuten Var. DM = 45-50 Minuten
Trainingsgeräte	Crosstrainer Laufband (Laufen) Outdoor (Laufen)

3.2 Detailplanung Mesozyklus

Die Trainingsherzfrequenz sollte während des Trainings mit einem Pulsmessgerät gemessen werden. Wir berechnen die entsprechenden Bereiche nach der HfReserve Methode mit der nachstehenden KARVONEN-Formel (ACSM, 2006a, S.342)

Thf = [(220-LA)-hfRuhe]*Bf + HfRuhe

Beispiel für Dienstag 1. Trainingstag mit 55-60% HfReserve bei Ext. DM

Untergrenze: [(220-27)-72]*0,55 + 72 = 138,55 (139)

Obergrenze: [(220-27)-72]*0,6 + 72= 144,6 (145)

Also bewegt sich die optimale Trainingsherzfrequenz hier in einem Bereich zwischen 139 und 145 Schlägen in der Minute.

Tabelle 10: Trainingsplan Mesozyklus - Wochen eins und zwei (eigene Darstellung)

Woche 1	Dienstag	Donnerstag	Samstag	Woche 2	Dienstag	Donnerstag	Samstag
Trainingsziel	Fettstoffwechsel, HK-Training	Regeneration, Gesundheit, Anfängertraining	Reduzierung Körperfettanteil	Trainingsziel	Fettstoffwechsel, HK-Training	Regeneration, Gesundheit, Anfängertraining	Reduzierung Körperfettanteil
Methode	Ext. DM	Ext. DM (REKOM)	Var. DM	Methode	Ext. DM	Ext. DM (REKOM)	Var. DM
Trainingsintensität	55-60% HfReserve	45-50 % HfReserve	Extensiv 45-50% HfReserve intensiv 70-75% HfReserve	Trainingsintensität	55-60% HfReserve	45-50 % HfReserve	Extensiv 45-50% HfReserve intensiv 70-75% HfReserve
Trainingsherzfrequenz	139-145 (Schläge/min)	126-133 (Schläge/min)	extensiv 126-133 extensiv 157-163	Trainingsherzfrequenz	139-145 (Schläge/min)	126-133 (Schläge/min)	Extensiv 126-133 extensiv 157-163
Trainingsdauer	45 min	25 min	45 min (22,5 min intensiv und 22,5 min extensiv)	Trainingdauer	45 min	25 min	45 Minuten (22,5 min intensiv und 22,5 min extensiv)
Trainingsgeräte	Laufband (Laufen)	Crosstrainer	Laufband (Laufen)	Trainingsgeräte	Outdoor (Laufen)	Crosstrainer	Laufband (Laufen

Tabelle 11: Trainingsplan Mesozyklus - Wochen drei und vier (eigene Darstellung)

Woche 3	Dienstag	Donnerstag	Samstag	Woche 4	Dienstag	Donnerstag	Samstag
Trainingsziel	Fettstoffwechsel, HK-Training	Regeneration, Gesundheit, Anfängertraining	Reduzierung Körperfettanteil	Trainingsziel	Fettstoffwechsel, HK-Training	Regeneration, Gesundheit, Anfängertraining	Reduzierung Körperfettanteil
Methode	Ext. DM	Ext. DM (REKOM)	Var. DM	Methode	Ext. DM	Ext. DM (REKOM)	Var. DM
Trainingsintensität	60-65% HfReserve	50-55 % HfReserve	Extensiv 45-50% HfReserve intensiv 75-80% HfReserve	Trainingsintensität	60-65% HfReserve	50-55 % HfReserve	Extensiv 45-50% HfReserve intensiv 75-80% HfReserve
Trainingsherzfrequenz	145-151 (Schläge/min)	133-139 (Schläge/min)	extensiv 126-133 extensiv 163-169	Trainingsherzfrequenz	145-151 (Schläge/min)	133-139 (Schläge/min)	extensiv 126-133 extensiv 163-169
Trainingsdauer	50 min	30 min	45 min (22,5 min intensiv und 22,5 min extensiv)	Trainingdauer	50 min	30 min	45 min (22,5 min intensiv und 22,5 min extensiv)
Trainingsgeräte	Laufband (Laufen)	Crosstrainer	Laufband (Laufen)	Trainingsgeräte	Outdoor (Laufen)	Crosstrainer	Laufband (Laufen)

Tabelle 12: Trainingsplan Mesozyklus - Wochen vier und fünf (eigene Darstellung)

Woche 5	Dienstag	Donnerstag	Samstag	Woche 6	Dienstag	Donnerstag	Samstag
Trainingsziel	Fettstoffwechsel, HK-Training	Regeneration, Gesundheit, Anfängertraining	Reduzierung Körperfettanteil	Trainingsziel	Fettstoffwechsel, HK-Training	Regeneration, Gesundheit, Anfängertraining	Reduzierung Körperfettanteil
Methode	Ext. DM	Ext. DM (REKOM)	Var. DM	Methode	Ext. DM	Ext. DM (REKOM)	Var. DM
Trainingsintensität	60-65% HfReserve	50-55 % HfReserve	Extensiv 45-50% HfReserve intensiv 75-80% HfReserve	Trainingsintensität	60-65% HfReserve	50-55 % HfReserve	Extensiv 45-50% HfReserve intensiv 75-80% HfReserve
Trainingsherzfrequenz	145-151 (Schläge/min)	133-139 (Schläge/min)	extensiv 126-133 extensiv 163-169	Trainingsherzfrequenz	145-151 (Schläge/min)	133-139 (Schläge/min)	extensiv 126-133 extensiv 163-169
Trainingsdauer	60 min	40 min	50 min (25 min intensiv und 25 min extensiv)	Trainingdauer	60 min	40 min	50 min (25 min intensiv und 25 min extensiv)
Trainingsgeräte	Laufband (Laufen)	Crosstrainer	Laufband (Laufen)	Trainingsgeräte	Outdoor (Laufen)	Crosstrainer	Laufband (Laufen)

3.3 Begründungen für den Mesozyklus

3.3.1 Belastungsumfang

Bei der Wahl des Belastungsumfanges berücksichtigen wir den aktuell schlechten Fitnesszustand unserer Kundin und orientieren uns daher zunächst eher am Gesundheitminimalprinzip nach Zintl & Eisenhut (2001), arbeiten aber stark in Richtung Optimalprogramm. Allerdings ist der Eingangsumfang geringer, um unsere Kundin nicht zu überfordern und die Trainingsmotivation nicht zu gefährden. Die Trainingstage sind so gewählt, dass ausreichend Regenerationszeit gewährleistet ist. Nach der intensiveren Einheit am Dienstag folgt eine regenerative Einheit am Donnerstag, und daraufhin erneut eine intensivere Einheit am Samstag.

3.3.2   Trainingsmethoden

Die variable Dauermethode wird gewählt, da eines der Ziele eine Reduktion des Kör-
perfettanteils vorsieht, um den BMI in den Normbereich zu senken, und diese Methode
sich hierfür besonders gut eignet (Hottenrott, 2006). Durch die wechselnden Belas-
tungsintensitäten wird der Fettabbau besonders gut betrieben. Weiterhin wird die extensive Dauermethode mit dem Ziel gewählt, im Allgemeinen den Fettstoffwechsel der
Kundin zu aktivieren und ihr Herz-Kreislauf-System stärken, damit sie sich ihr allge-
meines subjektives Wohlbefinden verbessert. Wir arbeiten hier auch insbesondere daran,
ihre allgemeine Grundlagenausdauer zu entwickeln. Die extensive Dauermethode im
REKOM-Bereich stellt eine aktive Regeneration dar, unter anderem dadurch, dass die
Durchblutung angeregt wird. Zusätzlich können wir hier einen Stressabbau erzielen
(Hottenrott, 2006), der auch einen positiven Einfluss auf ihr subjektives Wohlbefinden
haben kann.

3.3.3   Belastungsprogression

Die Belastung wird alle zwei Wochen erhöht, wobei wir hier entweder die Belastungs-
zeit erhöhen, die Intensität, oder beides erhöhen, um nochmal gezielt einen neuen Reiz
zu setzen. Die Progression erfolgt langsam, so erkennt die Kundin durchgängig einen
Fortschritt und sie wird sinnvoll und stetig entsprechend ihres Fortschrittes gefördert.
Bei der extensiven Dauermethode erhöhen wir nach den ersten zwei Wochen sowohl die
Dauer von 45 auf 50 Minuten, als auch die Intensität, da wir in dieser Einheit einen in-
tensiven Reiz setzen wollen, aber nicht direkt zu hoch beginnen möchten, wodurch die
Kundin ihre Motivation verlieren könnte. Im Vergleich dazu brauchen wir bei der RE-
KOM Einheit nicht viel Progression, da sie der Regeneration dient und wir bei zu inten-
siver Belastung schon vor der vollständigen Regeneration im Verlaufe der Super-
kompensation einen neuen Reiz setzen würden, was den Fortschritt gefährdet. Die variable Dauermethode wird in den ersten sechs Wochen mit den gleichen Intensitäten absolviert, da wir die Kundin mit den eh schon ungewohnten Belastungswechseln nicht
überfordern wollen. Dafür wird die Dauer in den letzten zwei Wochen von 45 auf 50
Minuten erhöht, mit dem Ziel die gesamte wöchentliche Aktivität weiter anzuheben, um
das Optimalprogramm zu erreichen (Zintl & Eisenhut 2001).

3.3.4 Angesteuerte Trainingsbereiche

Bei der extensiven Dauermethode am Donnerstag befinden wir uns aufgrund der niedrigen Intensität noch im REKOM-Bereich als aktive Regeneration (Hottenrott, 2006). Die extensive Dauermethode am Dienstag steuert mit einer Intensität zwischen 50 und 65% die Grundlagenausdauer 1 an, mit dem allgemeinen Aufbau und der Stabilisierung der Grundlagenausdauer und der Verbesserung der anaeroben Leistungsfähigkeit.(Hottenrott, 2006, Neumann et al., 2007, S.131) In den ersten zwei Wochen steuern wir mit der variablen Dauermethode denselben Bereich an, befinden uns aber da schon an der Grenze von einer Belastungsintensität von 75%. Diese wird nach zwei Wochen auch Überschritten wird, so dass wir ab hier im Bereich der Grundlagenausdauer 2 trainieren, mit dem Ziel, die Grundlagenausdauer weiterzuentwickeln. So haben wir dann auch alle relevanten Trainingsbereiche abgedeckt.(Neumann et al., 2007, S.131)

3.3.5 Bewegungsformen und Geräte

Bei den Bewegungsformen wird das Laufen auf dem Laufband und Outdoor gewählt um eine ausreichende Fettverbrennung sicherzustellen und die Kundin ausreichend zu fordern. Das Laufband bietet eine gute Kontrollmöglichkeit für den Trainingspuls, geleistete Distanzen und jegliche Einstellungen wie beispielsweise Steigungen und Intervalle, kann aber auf Dauer durch Monotonität abschreckend wirken. Daher wird die längere Einheit mit der Ext.DM im wochentakt abwechselnd Outdoor und auf dem Laufband absolviert, um durch frei wählbare neue Strecken die Motivation hoch zu halten und den langfristigen Erfolg zu sichern. Der Crosstrainer bietet nochmal etwas Abwechslung und wird in der REKOM-Einheit eingesetzt, um hier auch nochmal die Belastung für Körper und Kreislauf im Vergleich zum klassischen Laufen geringer zu halten und den Fokus auf Regeneration zu legen

4   Literaturrecherche: Effekte des Ausdauertrainings bei arterieller Hypertonie

4.1   Studie 1: „Regular Exercise as an Effective Approach in Antihypertensive Therapy"

https://journals.lww.com/acsm-msse/fulltext/2004/01000/Regular_Exercise_as_an_Effective_Approach_in.4.aspx

Tabelle 13: Tabellarische Darstellung zur ersten Studie der Literaturrecherche (eigene Darstellung)

Wer hat die Studie durchgeführt ?	Reinhard G. Kegelhut, Ingomar W. Franz & Jürgen
In welchem Jahr wurde die Studie publiziert?	2004
Welche Forschungsfrage wurde untersucht?	Die langfristigen Auswirkungen von regelmäßigem Ausdauertraining auf den Ruheblutdruck und den Blutdruck während Belastungen von Personen, die unter arterieller Hypertonie leiden
Mit welchen Versuchspersonen wurde die Studie durchgeführt?	10 Personen mit arterieller Hypertonie im Alter von 43 +- 3 Jahre
Wie sah der Versuchsaufbau der Studie aus?	Die Testpersonen werden mit 2 x 60 Minuten Ausdauertraining pro Woche belastet und ihr Blutdruck wird jeweils in Ruhe, als auch während Belastung (Ergometer 50 – 100 Watt) gemessen
Welche relevanten Ergebnisse und Schlussfolgerungen lieferte die Studie?	Die Datenlage lässt darauf schließen, dass langfristiges Ausdauer Training in Verbindung mit einem signifikant niedrigerem Blutdruck in Ruhe, als auch während einer Belastung in Verbindung steht. Diese Blutdruck senkenden Effekte werden bis zu einem Zeitraum von 3 Jahren beobachtet.

4.2 Studie 2 : Auswirkungen von Ausdauer vs. Krafttraining vs. der Kombination Ausdauer/Krafttraining auf die systemische Hämodynamik, Gefäßelastizität sowie Herzfrequenzvariabilität bei Patienten mit arterieller Hypertonie

http://esport.dshs-koeln.de/314/1/Formatvorlage_Diss_02052012.pdf

Tabelle 14: Tabellarische Darstellung zur zweiten Studie der Literaturrecherche (eigene Darstellung)

Wer hat die Studie durchgeführt ?	Anna Lena Bickenbach
In welchem Jahr wurde die Studie publiziert ?	2011
Welche Forschungsfrage wurde untersucht ?	Welche unterschiedlichen Auswirkungen haben ein reines Ausdauertraining, ein reines Krafttraining, oder eine Kombination aus beidem auf die systemische Hämodynamik, Gefäßelastizität und Herzfrequenzvariabilität (HRV) bei Hypertoniepatienten ?
Mit welchen Versuchspersonen wurde die Studie durchgeführt ?	55 Hypertoniepatienten (13 Frauen und 42 Männer) (S. 22/23) - Alter der Testpersonen: 54,7 ± 10,4 Jahre - Größe der Testpersonen: 175,3 ± 8,3 cm - Gewicht der Testpersonen: 87,3 ± 14,7 kg Ausschlusskriterien (S.22/23) - antihypertensive medikamentöse Einstellung in den letzten 12 Monaten - regelmäßige sportliche Aktivität in den letzten 3 Monate - Hypertonie Grad II - koronare Herzkrankheit - Herzinsuffizienz, Herzvitien - höhergradige Erregungsbildungs- und/oder -leitungsstörungen am Herzen, Herzinfarkt in den letzten 3 Monaten
Wie sah der Versuchsaufbau der Studie aus ?	Vorgeschaltete ärztliche Untersuchung mit: (S. 23-32) - 24-Stunden-Blutdruckanalyse - HRV-Analyse - Gefäßelastizität vier randomisierte Versuchsgruppen (Ausdauertraining, Krafttraining, kombiniert, Kontrollgruppe (kein Training)) (S. 23/24) 3 Trainingseinheiten pro Woche, insgesamt 12 Wochen lang (S. 25) Abschließend erneute Untersuchung
Ergebnisse	körperliche Leistungsfähigkeit anhand VO2max in Trainingsgruppen signifikant erhöht (S. 47) Blutdrucksenkung der verschiedenen Trainingsgruppen (S. 49-51) - Ausdauertraining = -3,30 mmHg (2,35%) - Krafttraining = -4,90 mmHg (3,44%) - kombiniert = -5,80 mmHg (4,18%) keine signifikanten Veränderungen bezüglich der Gefäßelastizität bzw. Herzfrequenzvariabilität (S. 35-38)
Schlussfolgerungen	➔ die besten Ergebnisse liefert ein kombiniertes Training aus Ausdauertraining und Krafttraining

5   Literaturverzeichnis

American College of Sports Medicine. (2006a). *ACSM's Guidelines for Exercise Testing and Prescription. ACSM's Guidelines for Exercise Testing and Prescription* (7. Aufl.) Philadelphia: Williams & Wilkins

Bickenbach, A. L. (2012) *Auswirkungen von Ausdauer- vs. Krafttraining vs. der Kombination Ausdauer-/Krafttraining auf die systemische Hämodynamik, Gefäßelastizität sowie Herzfrequenzvariabilität bei Patienten mit arterieller Hypertonie.* Dissertation thesis, Deutsche Sporthochschule Köln. Abgerufen am 27.01.2019. Verfügbar unter: http://esport.dshs-koeln.de/314/1/Formatvorlage_Diss_02052012.pdf

Blutdruckdaten.de: „Blutdurck Normalwerte",abgerufen am 25.01.2019 unter: https://www.blutdruckdaten.de/lexikon/blutdruck-normalwerte.html

Hottenrott, K. (1997). Ausdauertraining. Intelligent effektiv erfolgreich (4.Aufl.) Lüneburg: Wehdemeier & Pusch.

Hottenrott, K. (2006). Trainingskontrolle mit Herzfrequenz-Messgeräte (1. Aufl). Aachen: Meyer & Meyer

IPN. (2004) *IPN Test- Ausdauertest für den Fitness- und Gesundheitssport.* Köln: IPN.

Ketelhut, R. G., I. W. Franz, J. Scholze. Regular Exercise as an Effective Approach in Antihypertensive Therapy. *Med. Sci. Sports Exerc.*, Vol. 36, No. 1, pp. 4–8, 2004. Abgerufen am 29.01.2019. Verfügbar unter https://journals.lww.com/acsm-msse/fulltext/2004/01000/Regular_Exercise_as_an_Effective_Approach_in.4.aspx

Muster, M. & Zielinski, R. (2006). *Bewegung und Gesundheit. Gesicherte Effekte von körperlichen Aktivitäten und Ausdauertraining.* Darmstadt: Steinkopff.

Neumann, G., Pfützner, A. & Berbalk, A. (2007). *Optimiertes Ausdauertraining* (5., überarb. Aufl.) Aachen: Meyer & Meyer

Rost, R. (Hrsg.). (2002). Lehrbuch der Sportmedizin. Köln: Deutscher Ärzte-Verlag.

Steinacker, J. M., Liu, Y & Reißnecker, S. (2002). *Abbruchkriterien bei der Ergometrie.* Deutsche Zeitschrift für Sportmedizin, 53 (7-8), 228-229.

Trunz, E. (2001). *IPN-Test – Ausdauertest für den Fitness und Gesundheitssport.* Köln, Institut für Prävention und Nachsorge. Köln.

World Health Organization. (2000). Obesity: *Preventing and Managing the Global Epidemic Report of a WHO Consultation:* The Stationery Office Books.

6   Tabellenverzeichnis